PREFECTURE D'ALGER
DÉPOT LÉGAL
Nᵒ 32
188/.

Gustave BARDY

SOLUTIONS PRATIQUES

ALGÉRIENNES

DEUXIÈME ÉDITION

EN VENTE

A ALGER	A MARSEILLE
Chez STRUBHARD, libraire, 16, rue Rovigo;	Dans les bureaux de la Voix Publique, 14, rue de la République ;

A PARIS

Dans ceux de l'Alliance Israélite Universelle, 37, rue de Trévise,	Et dans ceux de l'Association Internationale Africaine, 9, rue Clary.

1881

ALGER. — IMPRIMERIE V. PÉZÉ & Cᵒ, RUE DE LA CASBAH, 4

L 8 K
1209

SOLUTIONS PRATIQUES

ALGÉRIENNES

LK 8 1209

ALGER
Imprimerie V. PÉZÉ & Cie
RUE DE LA CASBAH, 4

Gustave BARDY

SOLUTIONS PRATIQUES ALGÉRIENNES

DEUXIÈME ÉDITION

EN VENTE

A ALGER

Chez STRUBHARD, libraire, 16, rue Rovigo;

A MARSEILLE

Dans les bureaux de la Voix Publiqu 14, rue de la République ;

A PARIS

Dans ceux de l'Alliance israélite universelle, 37, rue de Trévise,

Et dans ceux de l'Association internationale africaine, 9, rue Clary.

1881

DÉDICACE

Au Comité des Notaires des Départements,

en témoignage

de la respectueuse gratitude

du Survivant

de ses Fondateurs,

GUSTAVE BARDY,

Ancien Président et Délégué de la Chambre et de l'Assemblée générale des Notaires de l'Arrondissement de Limoges,

Ancien Avocat général et Conseiller dans les Cours d'Alger et de Poitiers,

Ancien Correspondant du Ministère de l'Instruction publique pour les travaux historiques dans le département de la Vienne et en Algérie,

Membre du Comité français de l'Association internationale africaine.

AVANT-PROPOS

L'ancien magistrat qui, à la fin de septembre 1881, attache son Nom aux *Solutions pratiques algériennes* est le même qui, au commencement d'octobre 1852, publia *l'Algérie et son Organisation en Royaume.*

Les deux œuvres inspirées par un esprit d'observation patiente et désintéressée, à des époques si dissemblables et séparées par quelques trente années, donnent aujourd'hui aux économistes sagaces, aux hommes publics exercés au maniement des grandes affaires, les moyens sûrs de reconnaître avec exactitude et apprécier avec équité, ce qui depuis la conquête, a été bien fait, et ce qui a été mal entrepris ou différé trop longtemps.

Celle de 1852 ne se retrouve plus dans le commerce. Une édition nouvelle en est préparée. La forme de la seconde facilite au plus haut degré l'étude d'ensemble à laquelle il est urgent de se livrer, dans les milieux parlementaires surtout.

Divisée en articles comme le sont les lois et décrets, la matière si complexe en réalité et si confuse malgré beaucoup de travaux, saisira les intelligences droites et les bons vouloirs civiques, parce qu'elle y est dégagée du compromettant cortège des exposés, controverses et démonstrations toujours vulnérables.

Elle conduit, sans effort pénible ni surprise regrettable, du connu à l'inconnu, du fait condamné à l'innovation séduisante, et livre sa synthèse entière dans des conditions inaccoutumées.

Les idées y découlant les unes des autres dans un ordre méthodique, se soutiennent mutuellement, et ne laissent aucun prétexte pour nier qu'à leur aide l'organisme gouvernemental, l'organisme militaire, l'organisme territorial, l'organisme économique et l'organisme administratif puissent être à la fois et immédiatement améliorés et stabilisés.

Un régime financier ayant pour bases rationnelles la consolidation de la propriété indigène et la transformation de la propriété coloniale; un enseignement technique, offert dans de grandes écoles aux jeunes serviteurs de la nouvelle France ; un autre distribué aux masses elles-mêmes, par une presse autonomiste et par un Congrès local permanent de spécialistes de toutes les origines et de toutes les vocations; sont les heureuses prémices de l'appel efficace du passé au secours du présent et de l'avenir.

Les affirmations éclairées demeureront incontestables après qu'une polémique loyale, engagée entre publicistes compétents et toujours prêts au bon combat, aura jugé distinctement chacune des *solutions* dont la nomenclature ne paraîtra ni trop longue, ni trop témérairement formulée.

Ces publicistes, aussi nombreux en France que de l'autre côté de la mer, se hâteront de prendre la parole à leur tour, et l'Algérie les en remercie par avance.

SOLUTIONS PRATIQUES

ALGÉRIENNES

Organisme Gouvernemental

1. — Le Gouverneur général civil de l'Algérie est relevé de ses fonctions.

2. — L'ancien président du conseil des Ministres, M. le Sénateur de Freycinet, est nommé Ministre Secrétaire d'État au département de l'Algérie, des régions sahariennes et de l'exercice du Protectorat Tunisien.

3. — Il résidera à Alger et toutes les fois qu'il le jugera utile au bien du service, il se transportera ou résidera à Paris, sans y être autorisé préalablement.

4. — Le sous-secrétaire d'État de son ministère ne s'éloignera pas de Paris, et son secrétaire général, d'Alger.

5. — Tous les deux le suppléeront, de plein droit et sans délégation spéciale, en cas d'absence.

6. — Le sous-secrétaire d'État aura entrée au Conseil des ministres et dans les deux Chambres, et qualité pour répondre aux questions ou interpellations posées au ministre.

7. — Tous les deux seront conseillers d'État en service extraordinaire.

8. — Nul ne pourra être appelé aux fonctions de sous-secrétaire d'État ou de secrétaire général du ministère de l'Algérie, s'il n'est pas ou n'a pas été sénateur ou député

de l'Algérie, membre du Conseil d'État ou de la Cour d'appel ou du Conseil supérieur, haut fonctionnaire ou chef de service en Algérie.

9. — La dignité de sénateur ou de député est imcompatible avec les fonctions de secrétaire général du ministère de l'Algérie.

10. — Le cabinet du ministre sera composé, à Alger, d'un chef et de deux sous-chefs, tous les trois étant ou ayant été hauts fonctionnaires ou chefs de service en Algérie ; de secrétaires choisis parmi les auditeurs de 1re classe attachés aux diverses sections du Conseil d'Etat ; de deux officiers supérieurs appartenant au 19e corps d'armée, et d'un officier de marine de l'amirauté d'Alger.

11. — La direction des affaires de l'Algérie à Paris est supprimée, et son personnel tout entier placé sous les ordres du sous-secrétaire d'Etat.

12. — Le général en chef commandant le 19e corps, son chef d'état-major général, le directeur du service indigène en territoire militaire, ou leurs délégués; le président de la chambre de commerce d'Alger ; les présidents des consistoires chrétiens et israélites et les muphtis maléki et hanéfi d'Alger, seront membres du conseil de gouvernement. .

13. — Le nombre des conseillers rapporteurs est élevé à six, dont un sera spécialement chargé des affaires de la guerre et de la marine ; un, des affaires indigènes et sahariennes; et un, de celles du Protectorat.

14. — Auront des sièges au Conseil supérieur les évêques d'Oran et de Constantine, les présidents des chambres de commerce, des consistoires chrétiens et israélites, et les muphtis des départements autres que celui d'Alger.

15. — Les délégués des Conseils généraux au Conseil supérieur seront en nombre égal pour tous les départements algériens.

16. — Les communes mixtes éliront dans les départements nouveaux, à défaut de communes de plein exercice, des représentants à leurs Conseils généraux.

17. — Les assesseurs musulmans aux Conseils généraux seront élus, à l'avenir, par les officiers municipaux de toutes les communes de plein exercice, mixtes et indigènes du

même département, et choisis parmis les indigènes ayant leur résidence dans ce département.

18. — Aucun musulman ne pourra siéger dans les conseils de gouvernement, supérieur, généraux ou municipalités s'il n'entend pas et ne sait pas parler le français.

Organisme Militaire

1. — Le 19e corps d'armée pourvoiera, à l'avenir aux besoins militaires du protectorat.

2. — Les forces détachées en Tunisie formeront quatre divisions ayant leurs sièges à Béja, Keff, Sbeitla, El-Biben, et cinq subdivisions dont les chefs-lieux seront Bizerte, Hamamet, Sousse, Sfax et Gabès.

3. — L'effectif normal du 19e corps est fixé à cent vingt mille hommes de toutes armes.

4. — Dans ce total seront comprises toutes les troupes indigènes autres que les goums, dont les cadres et les groupements demeurent ce qu'ils sont.

5. — Toutes les masses embrigadées dans le 19e corps seront exclusivement affectées au service algérien et constituées en Afrique.

6. — Le 19e corps sera composé à l'avenir de :
Six régiments de zouayes.
Six régiments de tirailleurs indigènes.
Six régiments de chasseurs d'Afrique.
Six régiments de spahis.
Deux régiments du génie.
Deux régiments d'artillerie.
Trois régiments du train des équipages.
Deux légions de gendarmerie nationale.
Trois légions de gendarmerie indigène.
Deux légions étrangères.
Trois régiments de cavaliers méharis.
Six bataillons d'infanterie légère d'Afrique.
Sept bataillons de fantassins auxiliaires indigènes.

Sept escadrons de cavaliers auxiliaires indigènes.

De troupes de l'administration.

Des effectifs des services administratifs, de l'aumônerie, des médecins, pharmaciens, infirmiers, des interprètes, des pénitenciers et des condamnés militaires.

7. — Les légions de gendarmerie indigène et les régiments de cavaliers méharis prendront les noms d'Alger, Constantine et Oran.

8. — Les premières seront distribuées en Tunisie et dans les régions sahariennes.

9. — Les seconds maintiendront en communication constante les divisions départementales et les divisions sahariennes, ainsi que les divisions et les subdivisions du 19e corps en Tunisie.

10. — Les bataillons et escadrons des auxiliaires indigènes seront répartis entre les quartiers généraux, les autres centres de commandement et les postes secondaires, pour y assurer le service spécial des places, de police, de correspondance locale, de station, d'honneur et des escortes.

11. — Le territoire militaire ne subsistera plus dans les départements algériens ; il couvrira tous les pays au Sud de la nouvelle limite du Tell.

13. — Les trois divisions militaires existantes comprendront les départements algériens actuels et nouveaux.

13. — Une subdivision est créée à Tébessa.

14. — Trois divisions militaires instituées dans les régions sahariennes, auront leurs siéges à Géryville, El-Goléah et Tougourt.

15. — A chacune d'elles sera rattachée une subdivision: dans l'ouest, celle de Tiout ; dans l'est, celle de Gardaïa ; au centre, celle de Daya-el-Hamra, entre la plaine des Habilats et la zone des bas-fonds, au sud d'El-Biod-Sidi-Cheich ; la région de Gantara et les oasis du Mzab, au sud de Laghouat.

16. — Les subdivisions à organiser ultérieurement ne pourront l'être qu'en conséquence des demandes motivées des généraux divisionnaires.

17. — Le pays de commandement continuera à être

exclusivement administré par ces derniers ou sous leur direction.

18. — Un camp retranché sera créé sur la rive intérieure du Bahirt-el-Biben.

19. — Deux commandements maritimes à terre sont institués à Tunis et dans un des ports de l'île Djerbah.

20. — Dans les départements algériens les troupes seront réparties entre les grands centres qui offriront de subvenir aux frais de premier établissement de ces garnisons.

21. — Les centres choisis en conséquence par le commandant du 19ᵉ corps, seront placés sur des lignes de chemins de fer, et aux siéges de gares, à moins que celles-ci ne soient pas salubres.

22. — Les garnisons seront d'un bataillon ou d'un demi bataillon, de trois escadrons ou de deux escadrons, selon l'importance des lieux.

23. — La distribution de ces forces sera combinée sur le terrain de manière que les troupes puissent être rapidement concentrées sur un point donné de l'emplacement de la brigade dont elles dépendront.

Les dépôts des Corps seront au centre des détachements de chacun d'eux.

24. — Les grands établissements militaires seront maintenus dans les villes qui en sont dotées aujourd'hui.

25. — En territoire civil comme en territoire militaire, l'aman sera toujours refusé aux dissidents châtiés qui ne livreront pas leurs armes, chevaux et chameaux, et ne s'appliqueront pas immédiatement à la culture de leurs melks, archs ou toute autre terre.

26. — Il leur sera fait remise en considération de cet emploi de leur nombre et de leur temps, des chevaux nécessaires pour les cultures respectives.

27. — Ceux des admis à l'aman qui ne pourraient s'établir sur aucune propriété divise ou indivise, conserveront le bénéfice de cette libéralité, s'ils s'obligent à vivifier, selon le droit musulman, des terres infécondes et sans maîtres, choisies pour eux dans les régions Sahariennes.

28. — Dans les subdivisions en territoires de commandement seront créés des stationnements et détachements.

29. — Les lieux de stationnement et de détachement seronts choisis par les généraux divisionnaires ; mais le siége des premiers ne pourra pas être changé sans l'autorisation du commandant du 19e corps.

30. — Les stationnements seront occupés par un bataillon ou trois escadrons, et les détachements par deux compagnies ou deux escadrons.

31. — A l'avenir, comme par le passé, des communes mixtes et des communes indigènes seront constituées dans les pays de commandement.

32. — Il en existera dans tous les sièges de stationnement, et dans tous les autres grands centres des régions sahariennes.

33. — Dès que les Français et naturalisés, les Européens et autres étrangers, formeront la moitié de la population d'une commune mixte, celle-ci sera constituée, de plein droit, en commune de plein exercice.

34. — Dès que les mêmes séries d'habitants, formeront le quart de la population d'une commune indigène, celle-ci sera, de plein droit, constituée en commune mixte.

35. — Dans toute commune de plein exercice en territoire militaire, sera établie une justice de paix.

36. — Dans toute commune mixte du même territoire seront installés un notaire ; un contrôleur de la population de la propriété bâtie, des animaux vivants et de la colonisation ; un géomètre du Cadastre ; un interprète ; un curateur aux successions vacantes, et un commissaire-priseur.

37. — Dans toutes les communes indigènes seront installés un médecin de colonisation, une institutrice et des directrices d'écoles maternelles.

38. — Partout où cent familles catholiques se trouveront agglomérées ou suffisamment rapprochées en territoire militaire, une succursale de paroisse sera créée.

39. — Des temples, synagogues et mosquées y seront ouverts à chaque groupe de cent familles d'un des cultes chrétien, israélite et musulman.

40. — Les parties des territoires de commandement transformées en communes de plein exercice demeurent, quoique constituant un territoire civil, sous l'autorité du

général divisionnaire, au nom duquel elles seront administrées civilement.

41. — Dès que cinq d'entre elles se trouveront limitrophes ou suffisamment rapprochées les unes des autres, elles seront réunies en un arrondissement de sous-préfecture, si alors il est possible de les rattacher avec ce caractère administratif à un département, existant ou en formation à petite distance.

42. — Dans le cas contraire, elles seront immédiatement groupées en un Commissariat civil, véritable sous-préfecture, moins le nom.

43. — Le commissaire civil qui aura toutes les attributions d'un sous-préfet, relèvera directement du général commandant, assimilé légalement en territoire militaire aux préfets des territoires civils.

44. — Des ingénieurs des mines seront attachés aux états-major des divisions militaires Sahariennes. Ils y règleront l'emploi des appareils de sondage fournis par l'État, et manœuvrés par des escouades d'indigènes, partout où l'existence de la nappe souterraine sera reconnue ou scientifiquement indiquée, et d'abord dans les vallées de l'Ingargar, de l'Oued Mya et des autres fleuves morts.

45. — Des noirs ou hommes de couleur seront embauchés pour assainir le pays dans toutes les localités où les cours d'eau peuvent être rectifiés et les marécages asséchés.

46. — Des barrages et citernes seront établis dans les lits et sur les rives de l'Ingargar, de l'Oued Mya, des autres fleuves morts, et dans les lieux où leur création sera jugée d'une utilité durable.

47. — Des appareils solaires selon la méthode Mouchot, des filtres et autres machines propres à épurer les eaux insalubres, et les instruments de transmission de la voix humaine, et de télégraphie optique seront mis à la disposition de toutes les colonnes en marche dans les régions Sahariennes.

Organisme Territorial.

1. — Aux territoires civils dont l'annexion a été récemment effectuée ou préparée, sont réunies les deux zones qui, dans l'Ouest et dans l'Est, avaient été maintenues sous le régime militaire, à cause de leur contiguïté avec les frontières du Maroc et de la Tunisie.

2. — Ces nouveaux territoires civils et anciennes zones militaires seront immédiatement répartis en trois départetements auxquels sont assignés les noms de l'Isly, du Chéliff et du Chabet.

3. — Dans la division militaire d'Alger seront compris les départements d'Alger et du Chéliff; dans celle de Constantine, les départements du Chabet et de Constantine; dans celle d'Oran, les départements de l'Isly et d'Oran.

4. — Le siège de la division reconstituée d'Alger est, en conséquence, transféré à Aïn-Oussera, et celui de la division reconstituée d'Oran à Tlemcen.

5. — Le département de l'Isly sera composé :
De la zone militaire de l'Ouest, limitrophe du Maroc ;
Du territoire de Nedroma
Du territoire de Nemours ;
Du territoire de Lalla-Margnia ;
Du cercle de Sebdou ;
Du cercle de Daya ;
Du cercle et de la commune mixte de Saïda ;
De la commune mixte de Cacherou ;
Du cercle et de la commune mixte de Frenda.

6. — Les limites méridionales du département, en ce qui touche les communes de Sebdou, Daya et Saïda, sont reportées à la limite du Tell, fixée par le Conseil supérieur et reproduite sur la carte annexée à sa délibération du 19 janvier 1872, en sorte que cette limite deviendra à la fois celle des trois communes et celle du département.

7. — Le département du Chéliff sera composé de :
La commune mixte de Cassaigne ;
La commune mixte d'Aïn-Méran ;
La commune mixte d'Inkermann ;

La commune mixte de Malakoff ;

Des cercle et commune mixte de Zemmorah ;

Des cercle et commune mixte d'Ammi-Moussa ;

De la commune mixte d'Ouarsenis ;

Du cercle de Tiaret-Aflou ;

De la commune mixte de Teniet-el-Haad.

8. — La limite méridionale du département sera fixée par le cours des Oueds Méchou et Fédoul qui constituent actuellement la limite officielle du Tell dans cette région.

9. — Le département du Chabet sera composé :

Du territoire civil de Bougie ;

Du territoire civil de Bordj-Bou-Arreridj ;

Du territoire civil d'Aïn-Abessa ;

Du territoire civil de Sétif ;

Du territoire civil de Saint-Arnaud ;

Du territoire civil formant le canton de Milah ;

Du territoire civil de Djijelly :

Du territoire civil de Collo ;

De la partie du territoire civil de Philippeville qui contient les villes de Philippeville et Stora, les centres de Vallée, Damrémont, Saint-Antoine et Saint-Charles ;

Des communes mixtes de Fénaïa, Sidi-Aïch, Akbou, Mansourah, les Bibans, Guergour, Oued-Marsa, Tabahort, Taher, El-Milia, Attia, Milah, Fedj-Mzala, Takitount, Rirha, Ouled-Soltan et du territoire militaire de M'Silah.

10. — La limite occidentale du département, depuis Beni-Mansour au nord, jusqu'à la pointe de l'angle très aigu formé au sud entre l'Oued Boïada et le confluent des Oueds Guemonta et Sebisebt, suivra désormais une ligne droite, qui réduira le périmètre du département au profit de celui d'Alger.

11. — La limite méridionale du département sera fixée par la rive nord du Chott el Hodna, devenue la limite officielle du Tell dans cette partie du pays.

12. — Le département de l'Isly sera divisé en trois arrondissements : Nemours, Magenta et Frenda ; le chef-lieu de sa préfecture sera Magenta.

Le département du Chéliff sera divisé en trois arrondissements : Inkermann, Tiaret et Teniet-el-Haad ; le chef-lieu de sa préfecture sera Teniet-el-Haad.

Le département du Chabet sera divisé en quatre arrondissements : Philippeville, Bougie, Sétif et Msilah. Le chef-lieu de sa préfecture sera Sétif.

15. — Le complément de la création des trois départements nouveaux est la reconstitution du département de Constantine.

Les délimitations proposées enlèvent à celui-ci les territoires civils qui, avec la grande Kabylie, composeront le nouveau département de Sétif, mais elles lui attribuent :

1º Tout le pays s'étendant entre le territoire civil de Saint-Arnaud et le territoire civil de Batna ;

2º L'immense zone militaire contiguë à la Tunisie, et s'étendant depuis le littoral jusqu'à la limite officielle du Tell.

Elle contient : l'enclave civile de la Calle, le centre si considérable déjà de Soukharras auquel est réservé un si bel avenir, et Tébessa, devenue place de premier ordre.

Elle est desservie par le prolongement du chemin de fer Franco-Tunisien jusqu'à la rencontre de celui de Bône-Guelma ; elle le sera bientôt par celui de Soukharras à Tébessa ; et elle est arrosée par les grandes rivières Medjerda et Mellègue ;

3º Le vaste territoire au sud de Tébessa, qui couvre une partie du parcours des Nemencha.

17. — La répartition du 25 août 1880 l'avait agrandi des communes mixtes de Zérizer, de Séfia, de Sedrata, d'Oum-el-Bouagy, de Meskiana, de Kenchela, de l'Aurès et des Beni-Bou-Sliman; toutes les huit vastes, populeuses, riches et arrosées.

18. — Il demeure donc, après le démembrement, mieux constitué qu'il ne l'était avant, peu amoindri en superficie, et doté d'éléments exceptionnels de prospérité.

19. — Les arrondissements de Bône, Guelma et Constantine seront en conséquence remaniés et deux nouveaux organisés : ceux de Batna et Tébessa.

20. — Le département d'Alger est tout aussi favorisé par les délimitations proposées.

Il ne perd que le territoire de Teniet-el-Haad, après avoir été agrandi le 25 août 1880 des communes mixtes d'Azzefoun, Haut-Sebaou, Fort-National et Djurjura.

Il acquiert aujourd'hui celles de Djendel, Boghari, Bérouaghia, Aumale, Béni-Mansour, et en outre tout le pays séparé du département de Sétif par la limite nouvelle dont les points extrêmes sont Beni-Mansour et l'angle près du confluent des Oueds Guémonta et Sébizebt.

21. — Les intérêts du département d'Oran semblent au contraire avoir été méconnus, on ira jusqu'à dire sacrifiés, mais il n'y a que des apparences; on ne les prendra pas pour des réalités.

Les pertes territoriales se réduisent pour lui au démembrement de cinq communes mixtes sur les sept qui lui avaient été mal à propos attribuées le 25 août 1880, et des parties du territoire civil contiguës au territoire militaire de sa limite orientale.

Son plus grand grief serait de ne pouvoir recueillir jamais le bénéfice de l'annexion imprudemment annoncée des communes mixtes de Frenda, Cacherou et Zemmorah, mais cette annexion qui devait être opérée avant le 1er janvier, ne l'a pas été et ne l'aurait pas été plus tard.

Les machiavéliques combinaisons des deux époques ont révélé la regrettable tendance gouvernementale à ne créer aucun département nouveau, tendance dissimulée mais dans laquelle on a persévéré. Leur complète exécution, là et ailleurs, aurait rendu absolument impossible le véritable progrès dont la réalisation peut maintenant être jugée proche et facile. La réaction contre ce système d'erreur a été assez énergique pour rendre toute leur autorité aux saines appréciations de l'utile. Le département d'Oran aurait profité de la chance contraire, il ne protestera pas contre la force des choses. La compensation la plus large lui est à bon droit acquise. Deux départements nouveaux l'entourent, et leur existence substituée à la conservation des territoires militaires, obstacle à l'extension du régime civil, servira au plus haut degré ses plus chers intérêts. Elle hâtera beaucoup plus qu'il ne veut paraître y croire le développement de l'activité et de la richesse dont il lui est tenu un si juste compte. Une des voies ferrées à ouvrir sur Tombouctou, celle qui sera parallèle à la frontière du Maroc, aura pour tête de pont une de ses places ; quels regrets une telle espérance ne rachète-t-elle-pas ?

22. — L'organisation de communes des trois catégories est indispensable dans tout le pays contigu à la limite officielle du Tell :

Au sud des communes mixtes de Sebdou, Daya et Saïda, département de l'Isly ;

Au Sud des communes mixtes de Tiaret, Ouarsenis et Teniet-el-Haad, département du Chéliff ;

Au Sud des communes mixtes de Boghari, Berrouaghia et Aumale, département d'Alger ;

Au Sud des communes mixtes d'Oued-Ksob, Rirha et Ouled-Soltan, département de Sétif ;

Au Sud du territoire de Batna et des communes mixtes de l'Aurès, Beni-Bou-Sliman, Kenchela et Meskiana, département de Constantine.

23. — Les transformations successives et de plein droit des communes indigènes en communes mixtes et des communes mixtes en communes de plein exercice, garantissent dans un temps plus ou moins prochain l'augmentation du nombre de leurs sous-préfectures aux départements de l'Isly, du Chéliff, d'Alger, de Sétif et de Constantine.

24. — Elles autorisent à prévoir jusqu'à la formation de départements dans la région saharienne. Les premiers qui y seront l'orgueil de la mère et de la fille patrie, prédestinées l'une et l'autre à porter sans relâche leur glorieux drapeau en avant, pourront être ceux de Laghouat, de la Mer Intérieure et des Oasis.

25. — Les arrondissements du département de Laghouat seraient Géryville, Sidi-Bouzid, Djelfa, Bousada et Laghouat chef-lieu de préfecture.

26. — Les arrondissements du département de la Mer Intérieure seraient Biskra, Negrin, Mghaïer et El-Oued, chef-lieu de préfecture.

27. — Les arrondissements du département des Oasis seraient Tougourt, Ouargla, Bérian et Metlili, chef-lieu de préfecture.

Organisme Économique

1. — Le commerce de la terre est libre en Algérie comme les autres commerces ; en conséquence sont abrogées toutes prohibitions : pour les français et les européens, d'acheter des immeubles en territoire militaire, et pour les indigènes dans les territoires civils.

2. — Tout indigène non pourvu d'un titre de propriété français, traitera régulièrement en cas de vente par lui à un européen, sur la production de son titre musulman : Une fréda.

3. — Dans ce cas, la fréda sera préalablement vérifiée, au point de vue de son authenticité, par deux indigènes titulaires d'emplois publics, dont les déclarations sous la foi du serment seront constatées par un procès-verbal notarié. Elle sera ensuite enregistrée et transcrite dans les bureaux français. La vente dressée par un notaire français après l'accomplissement de ces formalités aura pour effet de purger tous les droits et charges qui avaient pu gréver dans le passé l'immeuble vendu.

4. — Il sera pourvu d'urgence, et au moyen d'une augmentation du personnel des bureaux, à la confection et à la délivrance par l'administration des domaines aux intéressés musulmans, de leurs titres français de propriété individuelle conformes aux travaux approuvés des commissaires enquêteurs.

Les frais des opérations qui, à l'avenir, seraient confiées à des commissaires enquêteurs, et de la délivrance par l'administration des titres français de propriété individuelle, ne seront pas supportés par les indigènes.

6. — Tout indigène qui, étant en état d'indivision provoque la licitation entre ses proches et lui, étrangers appelés, de la propriété commune, recevra de l'Etat, s'il ne demeure pas adjudicataire de celle-ci, une quotité de terre égale à la part dont il aura perdu la propriété.

7. — Cette quotité qui ne pourra jamais être inférieure

à un hectare si l'immeuble licité était melk, et à deux hectares, s'il était arch, lui sera attribuée sous l'obligation de payer annuellement l'impôt direct français.

8. — Tout indigène qui voudra se séparer de sa tribu, son douar, son groupe familial, est investi de la liberté légale de le faire. Il pourra en conséquence transférer son domicile ou sa résidence sur tel point de l'Algérie ou des régions sahariennes qu'il lui plaira de choisir, à la seule charge par lui de dénoncer son déplacement avant de l'effectuer aux autorités locales de l'ancienne et de la nouvelle demeure.

9. — Tout indigène qui voudra passer de l'état nomade à la condition de cultivateur sur une terre lui appartenant ou à lui affermée, recevra de l'Etat, à titre de cheptel vif, autant de paires de bœufs que l'immeuble contiendra de fois dix hectares.

10. — Tout khammès qui ne possèdera pas de bêtes de harnais, recevra de l'Etat, à titre de vente, moyennant un prix payable par cinquièmes chaque année, ou en une seule fois s'il cesse d'exercer la profession de cultivateur, autant de paires de bœufs que l'immeuble exploité par lui contiendra de fois dix hectares.

11. — Tout indigène, propriétaire unique d'un immeuble melk ou arch, licité à son profit aux fins de mettre un terme au régime de l'indivision, sera admissible à demander que l'Etat substitue sur sa propriété l'impôt français à l'impôt arabe.

12. — L'impôt français sera, dans ce cas, comme dans tous les autres, liquidé à 3 fr. par hectare et par année, dans chacun des trois départements actuels ; à 2 fr., dans les trois départements nouveaux ; à 1 fr., dans les régions Sahariennes, sans distinction entre les parcelles infécondes ou productives ; arrosées ou non irriguées ; bâties ou non bâties ; employées aux cultures ou au parcours ; boisées ou non boisées.

13. — Dans ces cotes seront comprises les redevances annuelles de 1 fr. par hectare à la charge des concessionnaires primitifs.

14. — Tout Français ou étranger qui, pour une cause

quelconque n'a pas été pourvu par le domaine d'un titre de concession définitif, sera, à partir du 1er janvier 1882, mis en pleine possession d'une propriété de droit commun, à la charge par lui de rapporter quittance de toutes les sommes dont, en qualité de concessionnaire, il se trouverait débiteur envers le trésor, et de payer annuellement l'impôt direct français.

15. — Dans le cas où un concessionnaire subirait l'impossibilité de se libérer, la propriété serait dévolue à titre nouveau, à celui des descendants mâles ou des gendres de l'insolvable, qui, tous les droits des femmes et des tiers réservés, paierait ce reliquat, dans le délai à lui imparti.

16. — La quittance qui en serait donnée par l'Etat viserait le caractère exceptionnel du paiement, afin d'éviter, de ce chef, toute répétition ou autre litige entre les membres de la famille.

17. — Les descendants mâles ou les gendres des concessionnaires actuels rendus propriétaires selon le droit commun, qui ont travaillé la terre ou s'engageraient à exercer en Algérie la profession de cultivateur, seront admis à la répartition des terres demeurées ou qui deviendront disponibles pour le domaine, dans l'ordre fixé entr'eux par les garanties qu'ils présenteront, le nombre de leurs enfants et l'honorabilité de leurs précédents.

18. — Le bénéfice de cette répartition éventuelle s'ouvrira pour eux, après que les demandeurs en concession dont les titres à en obtenir ont été vérifiés, et auxquels ont été délivrées officiellement des promesses non encore exécutées par l'Etat, auront été nantis des immeubles à eux attribués, ou, à leur défaut, de ceux dont le domaine prépare ou préparera l'allotissement.

19. — Ces porteurs de promesses en souffrance seront mis en possession dans l'ordre fixé par la date des engagements pris envers eux

20. — Tout immeuble soumis à la juridiction française quoique d'origine arabe et la propriété d'un musulman, pourra, sur la demande de ce dernier, être porté aux rôles de l'impôt français et déchargé de l'impôt arabe.

21. — Les propriétés bâties dans les villes seront frappées au profit de l'Etat d'un impôt direct annuel, égal à celui que ces villes auront été autorisées à percevoir sur leurs habitants.

22. — L'impôt ne profitant qu'à l'Etat décroîtra ou s'élèvera dans la même mesure que l'impôt municipal.

23. — La fixation du nombre des centimes additionnels aux impôts arabes ne pourra, à partir du 1ᵉʳ janvier 1882, être rendue définitive et exécutoire que par des décrets.

24. — Tous les soldes dus à des indigènes en conséquence d'expropriations pour cause d'utilité publique seront payés avant le 1ᵉʳ janvier 1882.

25. — Aucune compagnie financière ayant des établissements en Algérie, n'y pourra, sous aucun prétexte et dans aucune circonstance, effectuer d'autres opérations que celles dont ses statuts précisent la nature et l'objet.

26. — Les commissaires du gouvernement sous la surveillance desquels elles sont placées, constateront tous les trois mois, par un rapport spécial, les infractions qui auraient été commises aux règles protectrices à cet égard des intérêts généraux.

27. — Le premier de ces rapports sera consacré à l'appréciation des faits qui se sont succédé pendant le troisième trimestre de 1881.

28. — Pour dresser leurs rapports, ils exigeront la représentation des livres commerciaux dont la tenue est prescrite par la loi, et si les écritures y consignées présenttaient des caractères de simulation ou étaient réputées incomplètes ils en référeraient immédiatement aux ministres de la justice et des finances.

29. — Le compte final, litigieux entre l'Etat et la société Algérienne et embrassant les avances de la compagnie au Trésor et la remise sous conditions de terres à la Compagnie, sera apuré et exécuté avant le 1ᵉʳ janvier 1882.

30. — Des bourses de commerce sont instituées à Alger, Constantine, Oran, Sétif, Tlemcem et Bône.

Douze agents de change seront commissionnés dans la première, et six dans chacune des autres.

31. — La République ouvre tous les ports de la Tunisie

au commerce étranger, en franchise des droits de naviga-
tion et de douanes, sous la seule exception des taxes d'an-
crage, de statistique et de quai.

32. — La jouissance de cette franchise est subordonnée
à la non-existence ou à l'expiration de traités conclus par
le gouvernement du Bey avec des puissances étrangères,
dans le but d'affecter à la garantie des engagemenrs finan-
ciers pris envers elles, les produits de droits locaux ou
fiscaux.

33. — La République ouvre les ports de Sousse, Sfax et
Gabès à l'immigration israélite et elle y accueillera en
qualité d'hôtes de la France, qui toujours a été fidèlement
servie par les juifs citoyens dans la mère-patrie, et les
juifs indigènes algériens, les familles persécutées, violen-
tées, outragées ou menacées à cause de leur foi religieuse
dans quelque pays du monde que ce soit.

34. — Les immigrants israélites seront provisoirement
installés dans les immeubles urbains ou ruraux, abandonnés sans esprit de retour par les derniers occupants rebel-
les envers leur souverain le Bey, et déprédateurs à main
armée des fortunes publiques, internationales et privées.

35. — Les produits vivants des razzias officielles ne seront désormais vendus dans aucune forme, sur l'heure et
sur place, aux spéculateurs suivant l'armée.

Ils seront classés et nourris dans un parc créé par l'in-
tendance ou l'autorité municipale, suivant les cas.

Ce parc aura pour gardien et régisseur un expert assermenté, dont le premier acte d'administration sera l'établissement d'un inventaire sur lequel chaque animal sera coté
avec l'indication minima de sa valeur vénale.

Ce document qui ne sera connu que par les supérieurs
hiérarchiques de l'expert assermenté, servira de point de
départ aux ventes amiables ou à l'enchère auxquelles il sera
procédé à sa diligence.

Les premières seront consenties à bureau ouvert et au
comptant ; les secondes à jour fixe, de huitaine en huitaine, après affiches placardées à son de trompe dans le
rayon le plus étendu possible, et formulant les conditions
de l'enchère.

Avant toute vente, le commandant militaire de l'expédition qui aura effectué la razzia ordonnera le prélèvement des animaux qu'il jugera propres au service des remontes de l'armée, et à un abattage ayant pour but des distributions extraordinaires de viandes fraîches à ses troupes.

Sur l'effectif du parc seront prélevés aussi les animaux auxquels les art. 9 et 10 de ce chapitre ont affecté une destination spéciale.

36. — La République prend sous sa protection toutes les caravanes musulmanes en Afrique. Elle autorise ses agents consulaires à recevoir les plaintes de ceux qui, en faisant partie, auront subi des violences ou des dommages, et, s'il y a lieu, à instruire sur leurs griefs, afin que justice puisse être faite aux parties lésées.

37. — Toutes les concessions promises pour lesquelles les terres manqueraient, toutes les concessions éventuelles au profit des descendants mâles ou gendres des colons actuels, toutes les attributions des parcelles à des indigènes dans les cas précisés plus haut, seront délivrées dans les régions complémentaires des départements algériens contiguës à la limite officielle du Tell, afin que le peuplement de celles-ci et la constitution de nouvelles communes des trois catégories puissent être simultanés.

38. — Ces appropriations seront effectuées au fur et à mesure que le Domaine aura reconnu celles des terres de cette zone, sur lesquelles n'existent aucun droit de propriété justifié par des titres réguliers, ni aucun droit de possession acquis en vertu du principe de la vivification.

39. — L'armée dans les départements algériens donnera son concours aux propriétaires ruraux sur les demandes qui en seront faites par les municipalités pour les fauches et les moissons.

Les conditions matérielles de ce concours seront réglées entre les chefs de corps et les maires des communes.

40. — En territoire de commandement comme en territoire civil, l'armée sera spécialement chargée du service du reboisement dans les lieux voisins des cantonnements de ses divers corps.

41. — Il sera statué d'urgence sur toutes les demandes

de concessions en Algérie des voies ferrées nouvelles dont les études ont été acceptées par les ingénieurs de l'État, et qui pour cette cause comportaient des solutions immédiates.

42. — Le Ministre des travaux publics mettra en adjudication, à l'aide de soumissions closes, la concession de tous les chemins de fer algériens classés, au fur et à mesure que pourra être entreprise l'exécution de chacun d'eux.

43. — Les chemins dont la concession ne serait pas adjugée donneront lieu à des travaux d'infrastructure à suivre par l'État sur toute l'étendue de leurs tracés, dans les plus brefs délais.

Organisme Administratif

1. — Le Président de la République pourvoiera à toutes les vacances de charges judiciaires, de grades dans le 19e corps d'armée et l'effectif de l'amirauté d'Alger, de fonctions et emplois publics, sur les présentations uniques et directes du Ministre de l'Algérie.

Le Ministre de l'Algérie n'usera de sa prérogative exclusive à cet égard, qu'après avoir invité ses collègues dans le cabinet à lui recommander les magistrats, les ministres des cultes, les officiers et soldats des armées de terre et de mer, les membres des administrations et bureaux de la métropole, ou les simples citoyens aspirant en France à entrer dans le personnel des serviteurs du pays en Afrique, jugés par eux les plus dignes d'être compris dans des promotions.

3. — L'expérience ayant démontré que la protection des intérêts généraux n'est efficace sur cette rive de la Méditerranée que lorsqu'elle est confiée à un grand nombre d'hommes ayant fait un long séjour dans le pays, connaissant ses populations, ses idiomes, ses mœurs et son histoire, les deux tiers des postes vacants y seront à l'avenir conférés à des candidats remplissant ces conditions dans la plus large mesure possible.

4. — Seront seuls réputés avoir des titres à des recommandations au Ministre de l'Algérie, par ses collègues dans le cabinet :

Pour les charges de judicature, des Membres de Cours d'appel ; des Présidents ou Vice-Présidents de Tribunaux civils ; des Procureurs de la République ou des magistrats moins élevés dans la hiérarchie ; d'anciens bâtonniers de l'ordre des avocats, d'anciens Présidents des chambres de notaires et d'avoués, tous ces derniers docteurs en droit ;

Pour les grades dans les armées de terre et de mer, des militaires appartenant au 19e corps, des marins de l'amirauté d'Alger ou d'autres officiers soldats et matelots, ayant servi antérieurement en Algérie et membres de la Légion d'honneur ou médaillés ;

Pour les fonctions publiques, des fonctionnaires en exercice ou anciens fonctionnaires, membres de la Légion d'honneur, ou officiers de l'Université ou d'Académie ;

Pour les emplois civils, des chefs de division ou de bureau dans les préfectures, sous-préfectures et directions; des chefs de cabinet préfectoraux, licenciés en droit; des secrétaires de mairies de ville ou de chef-lieu de canton.

5. — Tous les magistrats algériens et tous les promus en Afrique sur recommandations ministérielles, à l'exception des militaires et marins, seront engagés dans les liens du mariage et suivis en Algérie par leurs épouses légitimes.

6. — Seront révoqués sans avertissement préalable, les dépositaires et agents de l'autorité publique vivant ici en état d'adultère notoire ;

Et dans les trois mois de l'avertissement à eux donné par leurs supérieurs hiérarchiques de régulariser leur état civil, les dépositaires ou agents de l'autorité publique, vivant dans leur domicile maritalement avec une concubine et les enfants de cette dernière.

7. — Seront mis en disponibilité les dépositaires ou agents de l'autorité publique vivant hors de leurs demeures, maritalement avec des concubines et les enfants de celles-ci, enfants dont ils se diraient les pères et qui n'auraient pas été reconnus par eux.

8. — Les magistrats, les militaires et les marins continueront à jouir du quart colonial.

9. — Les ministres des cultes reconnus par la République auront droit à cet accessoire légal de leurs traitements comme tous les autres fonctionnaires ou employés civils sans exception.

10. — Le quart colonial, acquis à partir du jour où courent les traitements, sera servi par douzièmes, comme ces derniers.

11. — Ceux d'entr'eux qui, nommés à titre provisoire, reçoivent sous la qualification d'indemnité, le traitement intégral attaché à leurs fonctions ou emplois, jouiront, à l'avenir, du quart colonial.

12. — Sous aucun prétexte, le service mensuel des traitements et quarts coloniaux ne peut être différé, ni le quart colonial refusé ou retenu, dans une mesure ou pour une période quelconque, postérieurement à l'installation d'un fonctionnaire ou d'un employé.

13. — Les arriérés abusifs du quart colonial seront liquidés et soldés d'urgence, à l'aide de virements au besoin.

14. — Les traitements ou indemnités actuellement payés par exception tous les trimestres, le seront à l'avenir mensuellement.

15. — Les ordonnancements des gratifications et secours alloués en Algérie seront notifiés par les ministres aux préfets dans les quinze jours de leur signature.

16. — La dénonciation aux préfets par un ministre de tout ordonnancement de dépenses, impliquera désormais l'autorisation pour ceux-ci de mandater les sommes dues.

17. — Les préfets sont tenus d'aviser les intéressés du jour de l'arrivée dans leurs bureaux des ordonnancements réguliers, et du jour où les mandats de paiement leur seront délivrés.

18. — Cette délivrance aura lieu dans les quinze jours qui suivront l'arrivée des ordonnancements ministériels dans les bureaux des préfectures.

19. — Les mêmes règles de comptabilité s'appliqueront aux entrepreneurs de travaux publics, aux fournisseurs en vertu de marchés administratifs, et à tous les autres

citoyens ayant passé des traités à titre onéreux avec l'État, les départements ou les communes.

20.— En ce qui touche ces trois catégories de créanciers, le mandat de paiement ne sera formulé qu'en conséquence de la vérification des pièces justificatives des travaux exécutés, des livraisons effectuées ou des obligations remplies.

21. — Il sera procédé à cette vérification par l'autorité compétente, dans le mois de la production des pièces.

22. — Les maires soumettront chaque quinzaine aux sous-préfets, des feuilles spéciales, indicatives des causes accidentelles de tout retard dans les paiements des mandats délivrés sur les caisses communales.

23. — L'administration des Postes étendra son réseau au nord et au sud de la limite officielle du Tell.

24. — Partout où n'aura pu être organisée ou sera momentanément interrompue la circulation régulière de ses facteurs, elle requerra l'autorité militaire de mettre à sa disposition des cavaliers méharis, afin de garantir le transport immédiat des dépêches obligatoires pour l'État.

25. — Les facteurs ruraux et urbains en Algérie, dans les régions sahariennes et le pays de protectorat, jouiront d'un traitement supérieur d'un sixième à celui des facteurs de France.

26. — Dans toutes les communes, même indigènes, seront créées des pépinières, où toutes les essences d'arbres résineux ou à bois dur, bois tendre, de haute et basse tiges, à fleurs et à fruits, reconnus s'accommoder pour leur croissance du sol communal, seront livrables aux administrations publiques, aux grandes Compagnies, au commerce, aux particuliers.

27. — Les propriétaires français et étrangers dans les communes de plein exercice ou communes mixtes y seront nantis, sans bourse délier, des arbres à haute tige choisis par eux et qu'ils seront tenus de disposer à leurs frais, en lisières, sur les quatre faces de leur immeuble, à deux mètres des limites fixées par bornes.

28. — S'ils n'usaient pas de cette libéralité sous condition, les maires feraient procéder à la plantation des lisières, aux frais des retardataires,

29. — Dans toutes les communes de plein exercice, sera mise à l'étude et résolue après enquête de commodo et incommodo, la question de savoir si le système de la crémation religieuse des cadavres et des débris humains, sera pratiquée en ce qui touche les Français chrétiens et les Européens, concuremment avec le régime actuel des inhumations dans les cimetières.

30. — En cas d'affirmative, chaque famille déciderait seule du choix à faire entre les deux modes, et les cendres de ses proches lui seraient livrées, si elle ne préférait pas qu'elles fussent conservées, sous la responsabilité de l'autorité municipale, dans les parties du cimetière, spécialement affectées à cette pieuse destination.

31. — Afin de rendre plus nombreux et plus aptes à remplir un mandat officiel les jeunes citoyens obéissant à la vocation d'entrer dans les divers services publics en Afrique, une école de hautes études algériennes sera fondée à Alger.

32. — Y seront admis, soit qu'ils aient jusque là habité l'Afrique, la France ou les colonies nationales, tous les porteurs de brevets délivrés par des Facultés universitaires, des lycées ou colléges, des écoles spéciales ou libres.

33. — Ils y suivront, pendant trois ans au plus, des cours de nature à leur tenir lieu d'un noviciat professionnel, et à la suite d'examens et de concours dont ies conditions seront déterminées par un règlement d'administration publique, ils seront, en vertu des nouveaux brevets qu'ils y auront obtenus, admissibles de plein droit aux charges, grades, fonctions et emplois qu'ils s'y seront préparés à remplir dignement.

34. — Le nombre des élèves de l'école des hautes études algériennes est indéterminé. Les professeurs qui y distribueront l'enseignement seront tous d'anciens parlementaires élus par l'Algérie, des membres titulaires ou correspondants de l'Institut de France, d'anciens membres de la Cour d'Alger, préfets, officiers généraux ou chefs de corps en Afrique, officiers de l'Amirauté d'Alger, chefs de service en Algérie, membres du Conseil de gouvernement, du Conseil supérieur, des commissions administratives départementales élues par les conseils généraux, présidents, secrétaires ou rapporteurs des chambres de commerce et des sociétés savantes algériennes.

35. — D'autres grandes écoles fondées en même temps, n'auront pas pour siége la ville d'Alger.

36. — Ces écoles seront celles des géomètres et topographes, des eaux et forêts, des mines, des arts et métiers.

37. — Les brevetés qui sortiront de la première, seront sur le champ commissionnés dans les six départements algériens et les trois divisions sahariennes, pour y opérer sur le terrain, ou dresser les cartes et plans officiels.

Elle aura son siége à Oran.

38. — La seconde formera des agents forestiers et des contre-maîtres pour les travaux d'irrigation, de sondage, de puits, de barrages, de rectifications de cours d'eau, de créations de bouquets d'arbres et garennes, d'aménagement des broussailles en taillis et futaies.

Elle aura son siége à Constantine.

39. — La troisième formera des directeurs d'usines, des contre-maîtres de chantiers et des ouvriers exploitant, à l'aide des cours appropriés à ces trois ordres d'élèves.

Le nombre de ces derniers sera de 150, tous boursiers à bourse entière, ou moitié, tiers et quart de bourse, selon leurs aptitudes vérifiées par des examens d'entrée et la fortune de leurs familles.

Ces élèves seront tous des enfants, nés ou élevés en Algérie, d'ingénieurs des mines, de garde-mines, propriétaires, directeurs, contre-maîtres de mines et ouvriers exploitants.

Elle aura son siége à Saint-Jean-d'Afrique, commune de Médéa, seul lieu où abondent les gisements de cuivre gris, de cuivre pyriteux, de fers de toutes les variétés, et de plomb argentifère.

40. — Trois écoles d'arts et métiers seront ouvertes dans les départements de l'Isly, du Chéliff et du Chabet, aux enfants assistés, orphelins ou abandonnés de l'Algérie et des régions sahariennes.

Elles seront des internats à bourse entière.

Le nombre des élèves de chacune d'elles sera de 150,

Elles auront pour sièges Magenta, Teniet-el-Haad et Bordj-bou-Arréridj.

41. — Dans la ville d'Alger, seront organisés, au contraire, deux foyers d'enseignement d'un autre ordre : un conservatoire artistique et l'Athénée d'Afrique.

42. — Le Conservatoire entretiendra des cours d'exercices dramatiques, de musique vocale et de musique instrumentale, de danse et d'équitation appliquées au théâtre.

Y seront admis les adolescents de toute nationalité et de toute condition en nombre indéterminé.

Le Conservatoire sera un externat et son enseignement gratuit ne pourra pas se prolonger au-delà de deux années.

43. — L'Athénée d'Afrique sera le foyer intellectuel qu'alimenteront indéfiniment les travaux de toutes les sociétés savantes, artistiques, littéraires, agricoles, ethnographiques, industrielles et hippiques de la France prolongée.

44. — Il sera formé : 1° des membres de ces compagnies ; 2° de ceux des sociétés de géographie, de statistique et d'émigration, existant dans la métropole et à l'étranger ; 3° des présidents et secrétaires de toutes les autres compagnies françaises et étrangères, similaires ou non de celles existant en Algérie ; 4° du corps consulaire français à l'étranger ; 5° des consuls généraux, consuls et vice-consuls étrangers dans l'Afrique française et dans l'Afrique ouverte ; 6° des correspondants et anciens correspondants du ministère de l'instruction publique ; 7° de tous les membres de la Légion d'honneur et des ordres étrangers résidant en Afrique.

45. — Ses membres seront des sociétaires d'honneur, des sociétaires-nés ou des sociétaires élus.

46. — Son Conseil d'administration y offrira chaque jour l'hospitalité de la France et de l'Algérie aux explorateurs et aux chargés de missions en Afrique ; aux spécialistes dans toutes les branches des connaissances humaines ; aux délégués des chambres de commerce ; aux représentants d'associations commerciales ; aux armateurs, capitaines et négociants au long cours ; aux états-majors des navires de toute nationalité, appartenant soit à une marine militaire, soit à un service de paquebots-poste, soit à la

marine marchande ; aux voyageurs et touristes présentés par leurs consuls respectifs.

47. — Le Conseil d'administration fixera l'ordre des lectures, des communications orales et des conférences successives qu'il sera invité à autoriser.

48. — Ses ordres du jour seront immédiatement publiés par la presse locale.

49. — A l'Athénée d'Afrique, fondation privée, seront annexés par le ministre de l'Algérie: 1° une exposition permanente à Alger des produits agricoles, artistiques et industriels de l'Afrique française et de l'Afrique ouverte ; 2° une bibliothèque spéciale, contenant tous les livres, manuscrits, cartes, plans, médailles et estampes se référant à l'une et l'autre.

50. — Constitué en Congrès permanent, l'Athénée se saisira d'office de toutes les questions d'un intérêt général pour l'Afrique française et pour l'Afrique ouverte.

Il les soumettra à une étude préalable dans des commissions spéciales, qui rendront compte, en séance publique, du résultat de leurs délibérations.

51. — Tous les débats en séance plénière, demeureront étrangers au mouvement des partis politiques, et seront toujours clos ou par l'adoption de la formule d'un avis; ou par l'émission soit d'un vœu soit d'un blâme ; ou par le renvoi de la continuation des débats à une époque ultérieure.

52. — Les résolutions du Conseil d'administration ne pourront être arrêtées qu'à la majorité des deux tiers des voix ; celles des assemblées plénières seront valables quels que soient le nombre et la titulature de sociétaires qui y auront pris part.

53. — Dans son bulletin mensuel seront publiés : 1° les procès-verbaux des séances du conseil d'administration et de l'Athénée ; 2° les textes des documents y relatifs ; 3° les tables de matières des bulletins des sociétés de géographie et autres compagnies, en ce qui touche les choses africaines ; 4° les nouvelles certaines sur toutes les explorations à l'intérieur.

54. — L'enseignement par la voie de la presse sera donné

à l'aide du *Mobacher*, journal officiel de l'Afrique française, qui sera publié chaque jour en français et le mercredi en arabe.

55. — Cette feuille encyclopédique reproduira : 1° les bulletins des deux Chambres publiés par le *Journal officiel de la République* ; 2° les cours quotidiens de la Bourse de Paris avec leurs cotes maxima, minima, d'ouverture et de clôture ; 3° l'indication des lois, décrets et nominations de hauts fonctionnaires, insérés au même journal ; 4° les actes du ministère de l'Algérie, les arrêtés des préfets et des maires des villes ; 5° les procès-verbaux des délibérations du Conseil de gouvernement, du Conseil supérieur et des Conseils généraux ; 6° les principaux votes des Conseils municipaux ; 7° les communiqués des autorités locales ; 8° les insertions ordonnées par les juridictions répressives ; 9° les faits divers d'un intérêt général ; 10° les publications prescrites par la loi dans l'intérêt des particuliers ; 11° les annonces privées et commerciales n'ayant pas le caractère de réclames; 12° des articles de fond ayant pour but le perfectionnement moral des lecteurs de tout âge, tout sexe, toute condition et toute origine.

58. — Le prix d'un abonnement au *Mobacher* ne pourra pas dépasser 12 francs par année, et des exemplaires de quelques-uns de ses numéros seront distribués gratuitement, lorsqu'il y aura lieu, conformément aux instructions officielles transmises à son directeur-gérant.

59. — Les préfectures, sous-préfectures, mairies, greffes, administrations diverses et les bibliothèques publiques seront tenues d'en conserver la collection sans lacunes.

Mesures Transitoires

1. — Pendant le dernier trimestre de 1881, aucun usage ne sera fait des crédits ouverts au budget de l'exercice pour achats de terres et créations de centres nouveaux.

Les sommes affectées à ces deux ordres de dépenses seront, à l'aide de virements régularisés d'urgence, exclusivement employés ;

1° Aux travaux publics entrepris dans le but de secourir les populations menacées par la famine ;

2° A l'installation laissée incomplète des villages existants ;

3° Aux études de voies ferrées, ayant pour objet le rattachement des chemins de fer exploités ou seulement classés et non concédés, aux nouveaux chemins de fer du Sud.

2. — Par des amendements au projet sur les cinquante millions à employer en Algérie, projet soumis aux Chambres, mais non voté dans leur dernière session, il sera statué que les sommes nécessaires à l'organisation communale des pays rattachés aux départements actuels et nouveaux, sur la lisière officielle du Tell, à titre de complément des annexions antérieures au territoire civil, seront prélevées sur ce crédit spécial.

3. — A l'ouverture de la session prochaine, le ministre de l'Algérie saisira les Chambres des parties de la réforme algérienne, dont l'avancement implique l'intervention parlementaire.

4. — Des deux côtés de la mer, toutes choses seront conduites de manière que les organisations nouvelles soient en état de fonctionner le 1er janvier 1882.

5. — Un projet rectificatif des lois de finances votées pour l'exercice 1882 sera élaboré assez rapidement pour que le budget spécial de l'Algérie soit mis, dès le 1er janvier prochain, en rapport exact avec les services créés ou reconstitués.

Conclusion

On nous a reproché souvent d'avoir une foi trop grande dans la puissance de l'initiative privée, et sous l'Empire lui-même, de produire des conceptions trop vastes. Ne nous excusant jamais de laisser leurs proportions naturelles aux réformes qui éveillent toutes les sollicitudes du pays, nous voudrons toujours nous tenir à l'abri du soupçon de n'être pas un esprit pratique.

La transformation du nord de l'Afrique par la France étant la plus importante affaire du siècle, il a été utile à tous les intérêts qui y sont engagés de réunir dans un ensemble de propositions qu'il aurait été peu sage de restreindre, tout ce qui est divisé, et tout ce qui est à la veille de l'être par les gouvernés et les gouvernants.

Cette méthode était la seule de laquelle il fut permis d'attendre, grâce à un courant nouveau ouvert à l'opinion, un résultat considérable et prochain. Chacun peut maintenant, et sans effort, apprécier le but à atteindre et les moyens indiqués pour améliorer ce qui peut être rectifié, et remplacer ce qu'il est nécessaire de détruire.

Si nous sommes dans le vrai quand nous conseillons de ne pas « lâcher la proie pour l'ombre », et avertissons les esprits inconscients qu'ils sont en pleine dérive, le progrès à réaliser sera la conséquence heureuse de l'application nette, ferme et définitive des idées gouvernementales que voici :

1. — Faire cesser l'antagonisme entre les races.

2. — Ne pas tolérer qu'aucune d'elles soit sacrifiée aux autres.

3. — Ne blesser ni alarmer aucune des masses de la population africaine.

4. — Montrer la même équité et la même compétence administrative dans les maniements opportuns de leurs intérêts respectifs.

5. — Ne laisser affirmer, dans aucun milieu et par aucun organe infidèle, cette opinion prétendue générale : que les musulmans sont nos ennemis implacables ; qu'ils frémissent sous un joug détesté ; que notre droit est de leur infliger le système préventif le plus humiliant et le plus dur, et de ne pas dissimuler qu'à nos yeux ils sont des traîtres dont nous demeurerons les dominateurs inquiets et impitoyables ; que les israélites sont les malfaisants accapareurs des immeubles et des capitaux dont les colons entendent user, au lieu d'en être privés par une insatiable cupidité ; qu'ils se substituent à nous sur les marchés, dans les villes, dans les campagnes, en recourant sans scrupules à des pratiques illicites ; qu'ils s'enrichissent dans la mesure où nous nous appauvrissons, par suite de la sordidité de leur existence et de leur incontestable supériorité dans l'accumulation de l'épargne ; que, nos

égaux devant la loi, ils ne le seront jamais devant nos ré-
pugnances et nos ressentiments, et que toujours nous
nous efforcerons de les tenir à l'écart de toute participation
aux affaires publiques.

Désavouons hautement, l'honneur français le commande,
toutes les théories insensées, inhumaines, d'extermination,
de refoulement, de proscription, d'internement, de mise à
prix des têtes de bédouins, de mépris pour l'inviolabilité de
la propriété indigène, et pour les titres indiscutables des
musulmans et des israélites, à la jouissance, parallèlement
à la nôtre, des bénéfices du droit commun.

Honorons dans tous nos frères algériens leurs habitudes
de travail. Encourageons-les à la fondation d'établissements durables, à la pratique de l'ordre public, à augmen-
ter et à aimer leurs familles, à l'acceptation des mœurs et
des usages conciliables avec leurs traditions séculaires.
Ne négligeons rien pour les convaincre que nous sommes
pleins de déférences pour les leurs, et aussi respectueux
pour toutes les convictions religieuses, que reconnaissants
du respect pour les nôtres.

C'est en se maintenant à ce point de vue qu'on apprend
à n'avoir de sévérités que pour les vieilles querelles sur
« l'autonomie et l'assimilation, le pouvoir militaire et le
pouvoir civil ». Dédaigner tout ce qui est vain et stérile
est aujourd'hui un devoir impérieux ; ne nous attachons
qu'au réalisable, à l'utile, à l'honnête. Les véritables questions se sont enfin posées d'elles-mêmes, il dépend donc
de nous que le progrès réel ne nous échappe plus.

Est-ce qu'il est sérieux de rechercher « où commence le
domaine des décrets, où s'arrête le domaine de la loi, »
quand la limite entre ces deux manifestations de la volonté
souveraine est invariablement fixée par tous les éléments
du système représentatif?

Est-ce qu'il est sérieux de nier la responsabilité du gouverneur général, l'étendue de ses pouvoirs, l'indépendance
de leur exercice, quand les éléments de la science politique
formulée par nos ancêtres de 89, et instinctivement pratiquée par leurs immortels devanciers, ont répondu sura-
bondamment à ces polémiques épuisées?

Est-ce qu'il est sérieux d'engager des controverses enflammées sur le point de savoir si nous avons quelque chose à gagner aux émigrations des indigénes musulmans, et au retour, dans leur pays d'origine, des étrangers chrétiens qui nous ont apporté le secours de leurs bras ? Nous avons récemment expérimenté le va-et-vient des tribus dissidentes sur la frontière de l'Ouest, et l'exode des Espagnols, jalousés ou suspectés dans les périodes de calme ou de prospérité par des passions mobiles parce qu'elles sont égoïstes et feintes ; est-ce que les partisans de l'exclusivisme ont, en présence de ces providentielles leçons, entonné le moindre chant de triomphe ?

La révision de la Constitution, la refonte du statut sénatorial, l'évocation du scrutin de liste, sont autant d'armes de combat brisées. La réforme militaire provoque seule, sur l'heure, aussi énergiquement que les intérêts algé-riens en souffrance, une virile étude et une entente solennelle dans le Parlement, dans la Presse, dans le Cabinet.

On parle trop de « l'esprit démocratique, de la tradition républicaine, de l'idée moderne »; on ne s'occupe pas assez de l'application des principes tutélaires, même pour ceux qui les violent.

Ces applications s'imposent d'autant plus que le mépris des dogmes sociaux a été poussé jusqu'à l'examen d'hérésies constitutionnelles monstrueuses dans le sein même du gouvernement.

Nous donnons l'exemple ; plaise à Dieu de nous donner des imitateurs dans les classes autrefois dirigeantes qui ont hélas ! abdiqué aux élections dernières, et dans les nouvelles couches sociales qui, évidemment, ne se lèveront plus pour acclamer le positiviste duquel elles ont reçu le baptême anti-chrétien!

Nous ferons justice bientôt des trop nombreux égarements qui ont été si funestes. Nous renfermant aujourd'hui dans le cercle tracé par la main invisible, nous condamnons pour crime de lèse-Algérie, dans notre amour sacré de la patrie méchamment effrayée quoiqu'elle ne soit pas en danger, les calomniateurs de la situation présente.

Plus d'exagérations odieuses ! plus de manœuvres inouïes ! plus de cynismes révolutionnaires !

Il n'y a, sous notre beau ciel, ni guerre sainte à réprimer, ni guerre sainte à conjurer. Non ! Nous ne sommes exposés à aucun massacre. Non ! Bou-Amema ne représente ni une nationalité, ni un culte religieux. Non ! les brigandages tunisiens ne sont pas d'une autre nature que ceux dont il portera la honte éternelle. Les uns et les autres ne diffèrent que par le nombre des enrôlés dans ces hordes sanguinaires et dévastatrices. Ce n'est pas le fanatisme qui soulève les barbares que nous châtions aujourd'hui, après les avoir réprimés à d'autres époques avec la certitude d'avoir à les réprimer plus tard ; c'est l'habitude du vol et des coups de main, c'est la disposition native à faire « parler la poudre » ou à brandir la matraque à défaut d'autres armes, sous la conduite du premier agitateur venu. Ce qui est vrai, c'est que la civilisation a ses barbares comme l'Islamisme les siens, et qu'il y en a sous toutes les latitudes. Il y a les fénians en Irlande, les nihilistes en Russie, les communards à Paris, les socialistes à Berlin, les oppresseurs du catholicisme en Pologne, les anti-sémitiques en Allemagne, les pervers et les corrompus de l'Union Américaine ; et ils sont, eux aussi, dignes de la réprobation universelle, les barbares qui, nés chrétiens et libres, mais devenus les francs-maçons, les solidaires et les athées de France, de Belgique et d'Italie, sont les ennemis autoritaires de l'Eglise romaine, son auguste chef, son clergé séculier, ses ordres et congrégations, et nous ramènent violemment en arrière, au lieu de suivre l'immense majorité nationale dans le droit chemin de l'Evangile, le seul qui mène à la paix, à la justice, à la charité.

Alger-Mustapha, le 30 septembre 1881.

Gustave BARDY.

Alger. — Imprimerie V. PÉZÉ et C°, rue de la Casbah, 4 !

www.ingramcontent.com/pod-product-compliance
Ingram Content Group UK Ltd.
Pitfield, Milton Keynes, MK11 3LW, UK
UKHW021148140726
13695UKWH00005B/2011